LA

# CHINE CATHOLIQUE.

IMPRIMERIE D'HIPPOLYTE TILLIARD,
RUE DE LA HARPE, N° 78

Jean Baptiste Tcheng,

âgé de 19 ans de la Province de Kiang-tong.

# LA
# CHINE CATHOLIQUE,

OU

*Tableau*

DES PROGRÈS DU CHRISTIANISME DANS CET EMPIRE,

SUIVI

## D'UNE NOTICE

### SUR LES QUATRE CHINOIS

PRÉSENTÉS A S. M. CHARLES X,

AVEC LEURS PORTRAITS ET UN FAC SIMILE DE LEUR ÉCRITURE.

# Paris,

## CHEZ L'AUTEUR, RUE DE SÈVRES N° 92

ET CHEZ LES MARCHANDS DE NOUVEAUTÉS.

# 1829.

quamdiu innumerabiles amabiles cives sicut
una familia conjungantur ad visitandum nos, attamen
nos multùm tenet dulcis patriæ Desiderium nunc
in Lutetiâ cum voluptate sumus, et præsertim admira-
tione afficimur cum facilitate vidisse mansuetum Regé
et omnes principes imperii facie ad faciem, et quàm
amicè receperunt nos, atque quando studiis peractis,
superior præceperit reditum nobis ad patriam nos-
tram, tum quomodo patiemur relicturum esse galliam
et omnes amabiles.

雖城中可愛之眾人聚合聽顧吾等情如一家。到底思念回鄉之意難
休之吾等今在佛郎西亞亦受餂樂。但最可奇者容易面見良善
王及眾諸侯矣。又代吾等如何親愛指于後日攻書巳成。長上將今
吾等俟還本鄉。那時如何忍心喬下佛郎西亞國及可愛之眾人

# LA
# CHINE CATHOLIQUE.

De toutes les nations de l'univers, celle qui doit le plus exciter notre admiration, c'est, sans contredit, la nation chinoise. Il n'est point dans le monde connu un empire aussi ancien, un gouvernement aussi stable et des lois aussi précises pour rendre les peuples heureux. Elle subsiste avec splendeur depuis plus de quarante siècles ; et depuis une époque si reculée, dont les événements pour tous les autres peuples se perdent dans la nuit des temps, ce sont chez la nation chinoise toujours les mêmes lois, les mêmes mœurs, les mêmes costumes et le même langage, sans que la mode, le caprice et les diverses révolutions y aient apporté la moindre innovation, et en aient fait éprouver quelque altération. Il y a eu des empereurs qui, vingt siècles avant l'ère chrétienne, faisaient respecter la justice et les lois, et qui ne respiraient que pour répandre le bonheur parmi tous les sujets qui étaient sous l'influence de leur bonté paternelle.

Sans nous arrêter aux idées superstitieuses qu'ont les habitants de ces contrées éloignées, sur le Créateur du monde, qui sont guidés dans leur croyance par l'imagination ridicule de tous les asiatiques (et les principes de religion qu'ils ont pour leur Dieu Fo-Hi ou Foé, ont beaucoup de rapport avec la religion naturelle, subordonnée à la puissance divine d'un être qui gouverne tout, qui crée, conserve et détruit tout, et qui préside à toutes nos actions pendant tout le cours de la vie), nous donnerons seulement quelques faibles notions sur les principes de législation et de jurisprudence de deux grands hommes qui seront éternellement en grande vénération chez les Chinois.

Le philosophe législateur Kong-Fu-Tsé, ou Confucius, naquit dans la province de Chang-Tong, la vingt-unième année du règne de Ling-Vang, vingt-troisième empereur de la troisième dynastie, vers l'an 550 avant l'ère chrétienne. Ce grand homme fut contemporain d'Ésope, de Pythagore, de Coriolan, de Solon et d'Anaximandre. Ses profondes connaissances, et quelques écrits le firent élever aux premières dignités de la magistrature; mais bientôt s'apercevant que ses conseils et ses productions législatives étaient méprisés, et dégoûté du rôle de courtisan qu'il était obligé de jouer, il dédaigna les faveurs du prince, et il se retira dans la ville de Kio-Feu, où ses disciples et ses admirateurs le suivirent. Il mourut dans cette ville à l'âge de soixante-treize ans. Ce ne fut que long-temps après sa mort, qu'un tombeau magnifique lui fut élevé au milieu de la ville de Kio-Feu, au bord de la rivière de Su, où on le voit encore aujourd'hui. Quelle singulière bizarrerie dans la destinée de presque tous les grands hommes ! Pendant tout le cours d'une pénible existence, Confucius ignora l'estime et la vénération qu'il devait inspirer, et rien n'a pu lui faire préjuger pendant sa vie le culte qui lui a été rendu après sa mort.

Son disciple et son ami Mensius, beaucoup plus jeune que Confucius, autant qu'il lui fut possible multiplia et répandit les doctrines, les sentences et les pensées de son maître. Il y joignit lui-même ses propres ouvrages, ce qui forme encore aujourd'hui un cours complet de lois, de morale et d'éducation. Tout, dans les ouvrages de ces deux grands philosophes, respire l'amour de la patrie, l'amour du prince et le respect inaltérable que l'on doit avoir pour ses père et mère; et le mobile universel qui doit faire la base de toutes actions humaines, c'est : *de porter en tout de la sérénité et de se conformer de toute son ame à ce principe immuable : ne fais pas à autrui ce que tu ne veux pas que l'on te fasse.*

L'histoire de la Chine compte vingt-deux dynasties, y compris la régnante, et l'ensemble de toutes ces dynasties a fourni deux cent trente-neuf souverains. Le premier empereur de cette longue série a commencé son règne 2207 ans avant J.-C. Il fut appelé Hia, surnommé le Grand; il fut protecteur des sciences et des arts, lui-même a laissé divers ouvrages écrits de sa main, sur l'astronomie et sur l'agriculture.

Ainsi que toutes les grandes nations du globe, le peuple chinois a eu ses Néron, ses Mahomet II et ses Louis XI; mais il a eu aussi ses Titus, ses Marc-Aurèle, ses Pélage et ses Henri IV. Si son imagination s'épouvante en lisant les règnes de sang des Kia, qui fut le dernier de la première dynastie; des Vu-Yé, des Li-Vang, des Chi-Houang-Ti, son ame se repose agréablement en repassant avec délice les longs règnes des Chao-Hang, des Tai-Vu, des Vou-Ting, des Yven-Vang, des Maing-Ty, qui seront toujours l'exemple et le modèle des meilleurs souverains de l'univers.

Avant le règne du premier empereur de la première dynastie, les annales de la Chine tombent totalement dans des récits fabuleux, qui ont quelque rapport avec nos temps héroïques, auxquels le peuple chinois, qui fut toujours juste appréciateur de la vérité, n'ajoute aucune croyance. On cite Fo-Hi, qui régna 115 ans; Chin-Nong, qui régna 140 ans; Wang-Ti, qui régna plus de 100 ans, et tant d'autres sur lesquels on ne peut donner que des notions inexactes, mais que l'histoire merveilleuse de ces temps reculés, place au rang des inventeurs des sciences et des arts. S'il est nécessaire de passer rapidement sur des faits que rien ne constate d'une manière précise, on ne peut révoquer en doute les règnes de cette longue série de souverains, dont les administrations, bonnes ou mauvaises, ont été disséquées par des milliers d'historiens qui se sont commentés, appréciés et critiqués eux-mêmes. Et pour parvenir à la vérité, de temps immémorial on a pratiqué un usage qui est encore en vigueur, et qui n'est suivi par aucune nation : c'est que la première classe des citoyens, comme la dernière, a le droit d'inscrire sur un registre ouvert au premier venu, la pensée qu'il a sur le gouvernement de l'empereur, d'un vice-roi ou d'un gouverneur de province ; et aussitôt qu'un règne est passé, on rassemble tous ces documents qui sont discutés publiquement, et ils doivent être rejetés ou accueillis à l'unanimité par les membres d'une nombreuse assemblée d'historiens ; de cette manière, il est presque impossible d'en imposer à la postérité. Et aujourd'hui, le bonheur des peuples est tellement la sollicitude de l'empereur, que si on porte une plainte contre un vice-roi, ou contre un gouverneur de province, aussitôt il est destitué et remplacé. Il est ensuite admis à se justifier ; mais après un sévère examen, que sa culpabilité soit vraie ou fausse, il n'est jamais remis en place, pour le punir d'avoir déplu à ses administrés.

On ne connaît pas dans ce vaste empire de distinctions héréditaires ; point de noblesse ; point de titre qui se transmettent ; l'empereur lui-même, le chef de cette grande nation, ne peut choisir un successeur à la couronne, qu'autant que ce descendant sera jugé digne de gouverner, et ce rigide examen est fait par les colao, ou ministres, et les mandarins. Celui qui est aujourd'hui sur le trône, est dans la dixième année de son règne ; c'est un homme qui possède de grandes connaissances. Il n'était que le troisième des enfants du dernier souverain, et dans les examens que l'on fit subir à tous les prétendants, Tao-Kaung fut jugé le plus digne de porter la couronne impériale.

Il n'existe en Chine qu'une seule manière de s'élever et de se rendre digne des faveurs du prince : la vertu, le talent et les connaissances dans l'art de gouverner les provinces et de faire respecter les lois qui sont immuables, sont les seuls titres que l'on exige pour obtenir les premières places de l'état ; et l'élévation est toujours en raison directe des connaissances que l'on possède. La seule distinction qui est en usage, consiste dans la couleur de l'habillement : il n'y a que l'empereur et les princes de sa famille qui aient le droit de porter la couleur jaune. Le rouge et le violet sont les couleurs spéciales qui distinguent les habillements des vice-rois, des gouverneurs et des mandarins ; et les couleurs bleue et noire sont celles qui sont abandonnées au peuple de toutes les classes.

C'est de tout l'univers le peuple le plus laborieux, le plus ingénieux et le plus industrieux. L'indolence, l'oisiveté, sont pour eux des vices qui inspirent le plus grand mépris ; le travail et l'activité sont toujours récompensés par la bienveillance et l'estime de tous les chefs de provinces qui s'empressent, même pécuniairement, de protéger et d'encourager ceux qui veulent par ce genre de mérite s'élever au-dessus des autres.

L'agriculture est le premier de tous les états de l'empire de la Chine. Elle est portée à un tel degré de perfection, qu'il existe des établissements

qui sont au-dessus de toute conception européenne;
on y voit des montagnes, des rochers d'une étendue immense, coupés à une hauteur assez favorable pour qu'on puisse y parvenir sans difficulté,
et à la cime desquels, après les avoir établis en
plate-forme, on a transporté des terres à la hauteur
de cinq ou six pieds ; et ces plaines factices, qui
ont été arrosées par la sueur de tant de générations
et qui ont coûté des siècles à rendre fertiles,
sont beaucoup plus productives que celles des
plaines des vallées, parce que la température y
est plus forte et le soleil beaucoup plus ardent.
L'on peut faire très facilement sur ces montagnes
deux ou trois récoltes par année, c'est-à-dire une
récolte de plus qu'on ne pourrait en obtenir d'une
terre des vallées ; et ils ont tellement soin d'en-
tretenir par tous les engrais quelconques des fé-
condités de leurs terres de toute nature, que jamais un champ ne reste en jachères, jamais on ne
le laisse en repos. Dans un court espace de temps
et par des procédés qui nous sont inconnus, il
faut que les champs rapportent chaque année la
quotité de grains, de légumes ou de fourrages
qu'ils attendent régulièrement de leur fécondité.

Pour donner une grande prépondérance à tout ce qui a rapport aux productions rurales, l'empereur, depuis un temps immémorial, est déclaré le premier agriculteur de sa nation. Dans les harangues comme dans leurs écrits c'est toujours le premier titre que lui adressent les Chinois. Il donne lui-même l'exemple du travail à la grande fête de l'ouverture des terres, qui a lieu toutes les années dans les premiers jours de mars. Il se transporte en grande cérémonie, accompagné de toute sa famille et des grands de l'état, au champ sacré, qui n'est destiné qu'à cet usage, et où cette fête solennelle a lieu devant une foule innombrable d'habitants de toutes les classes et de tous les états. L'empereur s'avance seul dans le champ, se prosterne, frappe neuf fois la terre de son front ; ce nombre neuf est le nombre sacré chez les Chinois; il adore le Dieu du ciel et demande sa bénédiction et sa protection, par une prière qu'il prononce à haute voix et que tous les assistants doivent répéter à voix basse ; on amène ensuite à l'empereur une charrue attelée de deux superbes bœufs.

Le prince quitte ses habits impériaux pour se

revêtir du costume du peuple ; il saisit le manche de la charrue et ouvre plusieurs sillons dans toute la longueur du champ sacré. Il remet ensuite la charrue aux colao ou ministres et aux mandarins, qui conduisent ainsi successivement la charrue. Après que les grands ont tracé quelques sillons, vient la classe des agriculteurs qui termine le labourage du champ sacré. Ce champ est ensuite ensemencé devant l'empereur qui ne quitte cette nombreuse assemblée que lorsque la culture est complète. Cette auguste cérémonie se termine par une distribution d'argent et de pièces d'étoffe que l'on fait aux agriculteurs présents. La représentation de la même fête, avec la même solennité, se fait au même instant dans toutes les provinces ; ce sont les vice-rois ou les mandarins qui représentent l'empereur, assistés de tous les magistrats et les personnages les plus importants des principales villes ; et également la cérémonie se termine par des distributions d'argent et d'étoffes que l'on fait au peuple. Les productions annuelles des champs sacrés s'adressent toutes à l'empereur, qui en fait la répartition aux gouverneurs des provinces desquels il est le plus satisfait, et ces derniers tiennent à grand honneur de recevoir un tel présent.

Sur une étendue de quatre cent cinquante lieues de long, sur le même nombre de lieues de large, sont dispersées dix-huit cents villes de trois classes différentes. La quantité des villes de première classe est de cent soixante-dix-neuf, et pour les distinguer des autres villes, toutes les terminaisons des noms est *fou*. La terminaison des noms des villes de la seconde classe, dont la quantité s'élève à deux cent vingt-deux, est *tcheu*. Et enfin la finale des noms des douze cent quatre-vingt-dix-neuf villes de troisième classe est *cheu*. Ainsi il est facile de le deviner : à la seule terminaison des noms de chaque ville, on sait quelle doit en être à peu près l'importance et la population.

L'empire de la Chine, divisé en quinze provinces considérables, contient environ deux cents millions d'habitants. L'ambassadeur Macartney, qui fut envoyé en Chine, en 1794, par le roi de la Grande-Bretagne, porte la population à trois cent trente-trois millions, et il ajoute qu'un colao ou ministre de l'empereur lui en

a fourni un état détaillé. Quelle que soit l'autorité de lord Macartney, il est certain que ce calcul
est très erroné. Le père Lamyot, qui est à Makao
depuis trente-six ans, a fait sur cette population
les recherches les plus minutieuses, et il en porte
le nombre à cent quatre-vingt-dix-neuf à deux
cent un millions ; et Malte-Brun, dans son
immense ouvrage sur la population de l'univers,
porte celle de la Chine à deux cent millions,
qui est la quantité approximative à laquelle
s'arrêtent tous les géographes.

Deux fleuves considérables parcourent et arrosent l'empire de la Chine : le fleuve Jaune
au nord et le fleuve Bleu au midi. Outre beaucoup de rivières qui se jettent dans ces deux
fleuves, les Chinois, pour leur commodité et
leur navigation, ont pratiqué des milliers de
canaux sur lesquels d'innombrables familles
nomades ont établi leurs maisons et leurs domiciles, sur des espèces de radeaux. Un seul de
ces canaux, et c'est le plus considérable, traverse la Chine du nord au sud sur un prolongement de cinq cent quarante lieues ; une de
ses extrémités est à Pekin et l'autre est à Kang-
Tong. D'après le rapport des voyageurs, en

très petit nombre, et des missionnaires, on conjecture que le vingtième de la population chinoise vit continuellement sur l'eau, et qu'il y en a beaucoup qui n'ont jamais touché à la terre.

Les femmes chinoises sont d'une modestie, d'une pudeur et d'une douceur extrêmes ; l'usage barbare que l'on a de leur briser les doigts de pieds et de les attacher avec des ligaments pendant leur enfance, afin de les rendre adhérents et les faire rentrer dans la chair sous la plante des pieds, est un puissant motif pour les rendre sédentaires. Elles ne sortent jamais de chez elles, et elles n'ont de communication qu'avec leurs maris et leurs enfants. Un autre usage consacré par les lois, semble bien extraordinaire encore : c'est la polygamie. On devrait préjuger qu'un peuple tel que le peuple chinois, qui porte à un très haut degré les principes d'une civilisation parfaite, devrait exclure, abolir une coutume qui dégrade la dignité de l'homme dans l'objet de ses plus chères affections. Cette condition des femmes ne les fait plus considérer comme notre sœur, notre compagne ; elles ne sont plus que des êtres avilis, qui ne doivent inspirer que notre mépris. Les femmes ne sont point dotées par leurs parents; elles sont évaluées d'après leur mérite et leurs talents, et le mari qui les choisit paye en argent la somme demandée, et s'il peut en acheter deux, trois ou quatre, avec les facultés pécuniaires de les nourrir, avec les enfants qu'elles sont présumées avoir, il peut en prendre autant que son caprice le lui inspirera, et ce qui est très difficile à concevoir par rapport à nos mœurs, c'est que toutes ces femmes vivent ensemble dans une parfaite harmonie ; aucune mésintelligence, aucune jalousie ne viennent obscurcir les relations du ménage ; les préférences instantanées du mari pour une de ses femmes ne causent aucune impression désagréable pour les autres, et les enfants qui en naissent appellent indistinctement du nom de mère l'une des épouses de leur père sans que rien vienne interrompre ou corrompre leur tendresse filiale.

Un autre usage non moins singulier et non moins blâmable, et qui est plus encore en contradiction avec nos mœurs que le précédent, c'est la vente des hommes, des femmes et des enfants pour être esclaves. Un père de famille ayant trop d'enfants et ne pouvant complétement satisfaire à leur nourriture et à leurs besoins, peut en vendre autant que bon lui semblera, et les racheter ensuite lorsque ses moyens le lui permettront. Ce commerce est permis et est autorisé par les lois. Le prix d'un homme ordinaire, est à peu près le même que celui d'un cheval, le plus haut prix ne peut guère aller au-delà de quinze cents francs. Cette facilité de se vendre et de se racheter donne souvent lieu à des actions bien belles, bien louables et bien attendrissantes. On a vu des fils, quelquefois deux, quelquefois trois d'une nombreuse famille, voyant les peines et les embarras du père, se hâter d'aller se vendre et en apporter le prix au malheureux chef de la famille qui travaille ensuite de son côté à les racheter. L'amour et la vénération qu'ils ont pour l'empereur, que tous les Chinois considèrent comme le père et le bienfaiteur de la patrie, est souvent la première cause de ce dévouement. Les revenus du prince ne sont autres que la prélévation du dixième des productions rurales qui se paie moitié en numéraire et moitié en nature; et il n'est point nécessaire pour la perception des revenus de l'état d'employer des moyens coercitifs : chaque citoyen s'empresse d'offrir intégralement sa cote-part exigible et avec le même plaisir qu'un bon fils l'offrirait à son père ; et c'est presque toujours dans ces circonstances qu'un enfant développe ses sentiments généreux ; lorsqu'il voit que son père est gêné, il se sacrifie avec enthousiasme pour ne point entraver la perception et la rentrée des revenus du père commun.

Ainsi qu'on peut le conjecturer, les revenus du prince ne sont pas fort importants pour faire mouvoir tous les rouages, qui soutiennent les bases solides de cet immense gouvernement. Ce dixième des productions des terres ne va guère au-delà, d'après des calculs précis, de sept ou huit cents millions de notre monnaie, par an ; et cette somme est toujours plus que suffisante pour subvenir à tous les besoins de la famille impériale, et au payement de tous les agents qui soutiennent l'édifice de ce grand état. Pour le payement du contingent de chaque citoyen, on doit voir qu'il y a des classes privilégiées ; premièrement les citoyens qui vivent sur l'eau ne payent rien. La classe manufacturière et la classe marchande jouissent du même avantage; et enfin celles des chasseurs qui vivent dans les forêts. Les manufacturiers et les marchands vivant du fruit de leurs spéculations sont trop peu estimés pour leur faire l'honneur de subvenir aux frais qu'imposent les charges de l'état. Quant à la classe qui vit de chasse elle est peu nombreuse parce que depuis des siècles la sollicitude des chinois étant entièrement à faire valoir les terres , ils ont laissé très peu de forêts sur pied surtout que leur température étant beaucoup plus vive que la nôtre, elle ne les force point à se chauffer dans l'intérieur de leurs maisons.

Ce qui doit étonner , de ce peuple industrieux, qui doit être en première ligne de toutes les nations du globe , c'est que le commerce des chevaux , l'accroissement de belles races et leur propagation y sont totalement négligés. C'est un animal qu'ils méprisent ; ils ne s'en servent que pour les objets de première nécessité , sans attacher un prix important à sa conservation , et leurs plus beaux chevaux ne valent pas les plus mauvais et les plus mal faits de France.

Les découvertes les plus importantes on tété faites en Chine long - temps avant qu'elles le fussent en Europe. Le vénitien Marc Paul, est le premier européen qui ait pénétré dans ces contrées. Il fit son voyage vers la fin du treizième siècle ; il rapporte que l'imprimerie et la poudre à canon étaient déjà connus, et que ces inventions datent d'une époque si reculée que l'on n'en a aucune souvenance. Cependant il faut le dire, les sciences et les arts ne font aucuns progrès chez cette nation. L'empereur donnant toute son attention à l'agriculture, n'accorde aucune faveur à tout ce qui est étranger à cette science importante ; il n'a aucune prédilection pour tout autre objet d'art ou de métier, qui ne se rapporte pas à faire multiplier les productions du sol. L'art dramatique, par exemple, est dans un tel état de faiblesse et d'enfance relativement à nous, que les siècles des Jodelle en France seraient des temps héroïques en comparaison. L'ambassadeur hollandais, Barrow, qui était à Pékin en 1799, rapporte qu'il a été à la représentation d'une tragédie dont les détails, d'une vérité révoltante et même atroce, feraient frémir les scélérats que l'on renferme dans les bagnes. Il s'agissait d'une femme qui avait assassiné ou empoisonné son mari ; elle

est condamnée à être écorchée vivante. Le juge-
ment est exécuté vers la fin de la pièce, et cette
malheureuse vient sur le théâtre en hurlant des
cris affreux que lui arrachent les souffrances
qu'elle endure. L'eunuque qui remplissait le rôle
de la femme coupable, car dans ce pays il en est
comme à Rome autrefois, ce sont des eunuques
qui remplissent les rôles de femmes, l'eunuque
s'était fait coller sur la peau une toile rouge qui
représentait parfaitement ce hideux personnage.

Quelles que soient les notions que nous avons
sur ce vaste empire, nous ne pouvons réellement
nous en faire une idée parfaite, par la très grande
difficulté d'y pénétrer et surtout d'y séjourner.
Ce peuple industrieux ressemble à l'abeille, tout
est symétrique et méthodique dans ses mœurs
comme dans ses travaux; toutes ses affections
sont pour les auteurs de ses jours comme pour
son prince, pour lesquels il sacrifierait dix exis-
tences si cela lui était possible. Il est heureux
et tranquille chez lui, et il ne veut pas que ses
voisins aient la moindre connaissance de sa po-
sition comme de sa situation; il ne s'inquiète nul-
lement des autres, et il ne veut pas qu'on s'oc-
cupe de lui. Tout ce que l'on a su de ce peuple

jusqu'à présent, ce n'est pour ainsi dire qu'à la fraude et à l'indiscrétion que l'on en est redevable. En 1700, un bourguemestre de Midelbourg, nommé Hudde, dépensa une partie de ses richesses qui étaient considérables, pour s'introduire en Chine et apprendre la langue. Il parvint au grade de mandarin, et en cette qualité il parcourut toutes les provinces. Il revint en Europe avec des recueils de trente années d'observations : tout a été anéanti dans un naufrage qu'il fit en rentrant dans sa patrie. On ne saurait trop évaluer la grandeur d'une perte semblable.

Le zèle apostolique, et l'entière abnégation des missionnaires répandus dans toute la Chine, depuis plusieurs siècles, nous ont procuré quelques notions exactes sur ce peuple extraordinaire. Il n'est aucune privation à laquelle ne se soient réduits ces généreux propagateurs du christianisme pour pouvoir se maintenir dans l'intérieur de l'empire. Jusqu'en l'année 1785 la religion catholique y a fait des progrès étonnants, et l'on doit à un singulier événement la grande confiance qu'ils inspiraient et qu'on leur accordait depuis quelques siècles.

Plusieurs missionnaires, quelques-uns des premiers qui se sont introduits en Chine il y a plus de deux siècles, se trouvaient dans une assemblée composée de savants les plus célèbres de la province. Un virtuose chinois, qui se faisait admirer par la beauté de sa voix, par la pureté et la flexibilité de son chant, venait de chanter un morceau qui enlevait les suffrages. Les plus illustres de cette nombreuse société ne cessaient de faire un brillant éloge du chanteur, lorsqu'un des missionnaires présent, qui était un excellent musicien et un profond compositeur, et qui avait eu la précaution de noter cette musique pendant que l'on chantait, proposa, si on le jugeait convenable, de reproduire ce même morceau, avec les mêmes inflexions les mêmes intonations. On se moqua d'abord de sa témérité, ce qui fut un objet d'hilarité universelle sur toutes les physionomies chinoises. Cependant afin de le confondre et de le combler d'humiliations s'il n'exécutait pas à l'instant ce dont il avait l'audace de se vanter, on accepta sa proposition. Le missionnaire, comme on peut bien le penser, remplit avec un grand talent, la tâche qu'il s'était imposée. L'étonnement des lettrés fut à son comble. Le missionnaire expliqua alors qu'en Europe on avait l'art de retenir les sons au moyen de la musique, comme on a l'art de retenir la pensée au moyen de l'écriture ; et pour convaincre les spectateurs il donna aussitôt quelques notions sur cet art important, ce qui acheva de donner la plus grande opinion des connaissances que possédaient les missionnaires européens. Dès lors ces mêmes religieux eurent la liberté de s'établir dans l'empire, d'y propager leurs sciences , et même d'y répandre les lumières de l'évangile, que se sont •fait expliquer personnellement plusieurs empereurs , et que divers d'entre eux ont professé publiquement les préceptes. L'on ne peut à cet égard se refuser d'avancer cette vérité : c'est qu'il y a à peu près un siècle le christianisme y faisait de tels progrès que tout portait à croire que la nation entière , si reculée, si éloignée de nous , allait embrasser la religion professée par les trois quarts de l'Europe.

Cet état de prospérité qu'éprouvaient les missionnaires en Chine , la facilité qu'ils avaient de parcourir toutes les provinces et d'y propager sans éprouver le moindre obstacle, les dogmes et les préceptes de l'Evangile et multiplier autant que possible le nombre de croyants, a duré jusqu'en 1785. A cette époque l'empereur Kien-Long, qui régnait alors depuis quarante-six ans, doué d'un caractère austère, et tenant impérieusement aux anciens usages pratiqués dans tout l'empire, reçut des vice-rois et des gouverneurs des provinces, diverses plaintes contre les missionnaires ; on les lui représenta sous d'affreuses couleurs. On fit entendre à l'empereur que les religieux catholiques étaient non-seulement dans l'intention de changer la religion de Fo-Hi, établie depuis plus de quarante siècles, mais encore d'avoir quelques velléités de changer la forme du gouvernement et de chercher à transgresser les lois de l'empire qui faisaient le bonheur des peuples. Kien-Long, indigné de voir que des étrangers voulaient introduire des innovations dans ses états, et préjugeant déjà que la couronne impériale chancelait sur sa tête, fit ordonner le massacre de la presque totalité des missionnaires européens et le bannissement de ceux qui paraissaient les moins coupables. En même temps il fit paraître diverses ordonnances pour qu'à l'avenir il n'y eût aucune communication avec les étrangers, et défense sous les peines les plus sévères, de parler à des Européens même à Kang-Ton ou à Makao où sont admis les négociants de toutes les nations. De telle sorte qu'un étranger ne peut parler qu'à un marchand chinois ; bien qu'il soit très familier avec la langue de cette nation. Un chinois d'une autre classe serait puni rigoureusement si on le voyait converser avec un étranger.

Ce n'est point la haine que l'on a pour la religion catholique, qui a fait prendre des mesures aussi sévères. Ce qui vient à l'appui de cette grande vérité, c'est qu'il y a un grand nombre de prêtres chinois dans toutes les provinces qui professent publiquement cette religion, et qui chaque jour font des quantités innombrables de prosélytes ; c'est que depuis plus de deux siècles que le tombeau de saint François-Xavier, bâti sur une colline au pied d'une montagne, dans l'île de Chang-Cheuen-Chang ou San-Cian, à côté de l'île de Hai-Nan, au midi de la Chine, est resté intact et attire journellement une grande quantité de religieux et de pélerins chinois qui professent le christianisme ; c'est que la chapelle que les jésuites Portugais firent bâtir il y a deux cent cinquante ans, à côté du tombeau de saint François-Xavier, dans la même île de San-Cian, conserve encore aujourd'hui les mêmes ornements et les mêmes richesses qui y furent déposés lors de son érection. Ce n'est donc point la destruction de la religion catholique que l'empereur Kien-Long, qui a régné soixante-dix ans, avait en vue lorsqu'il a ordonné le massacre et le bannissement des missionnaires européens; mais seulement il a voulu mettre une barrière insurmontable à l'entrée dans ses états, de tout étranger, quelle que fût la nation à laquelle il pût appartenir.

On a pu voir, par les relations des ambassadeurs Macartney en 1794, Barrow en 1799, qui furent reçus par l'empereur, sous le règne de Kien-Long, du dernier ambassadeur anglais, Lord Amsterss, sous le règne de l'empereur Tao-Kaung, souverain actuel, et petit-fils de Kien-Long, qui est un monarque qui possède de profondes et immenses connaissances, même évangéliques, que cette nation ne veut avoir aucune espèce de rapport avec les autres nations du globe. Soit défiance, soit le sentiment de sa force ou de sa prépondérance, elle méprise tout ce qui est étranger à l'empire de la Chine ; ses peuples se suffisent par leurs travaux comme par leur industrie ; ils ne sont tribulaires de personne parceque par goût et surtout par économie les productions du sol, comme les productions industrielles, suffisent à tous leurs besoins sans s'embarrasser des produits et des relations de l'étranger.

Depuis la persécution de 1785, aucun missionnaire n'existe dans l'intérieur de la Chine, il y en a seulement quelques-uns à Kang-Tong, et beaucoup à Makao ; toutes les principales capitales de l'Europe y ont un séminaire et un directeur de l'ordre des Lazaristes, avec lesquels on correspond sans cesse ; il y aussi des couvents d'autres religieux ainsi que des religieuses ; et lorsque de jeunes chinois venus de l'intérieur de la Chine pour faire leurs études avec les religieux catholiques de Makao, ont reçu le sacrement de l'Ordre, ils retournent dans leurs provinces, et librement ils disent la messe et sans entraves comme sans obstacles, ils administrent aux habitants qui veulent se faire recevoir catholiques tous les sacrements que la religion exige.

Lorsque les quatre jeunes Chinois, qui sont

maintenant au séminaire des Lazaristes de la rue de Sèvres, sont arrivés à Paris, chacun a contesté leur origine, et beaucoup de rédacteurs de journaux ont écrit sur leur compte, les choses les plus ridicules. Il est certain qu'il existe tant de charlatans qui spéculent sur la crédulité publique, que l'on ne saurait trop se prémunir contre leur astucieuse industrie ; cependant il ne faut pas pousser le septicisme jusqu'à se refuser à croire aux choses les plus évidentes et les plus palpables. Il est encore évident que si aujourd'hui une Vénus Hottentote avec toutes ses difformités, venait encore nous visiter comme celle qui vint en 1815, beaucoup de personnes, craignant une mystification comme on en voit journellement, se refuseraient de croire qu'elle vînt réellement du midi de l'Afrique. Mais ne révoquons point en doute, ce qui clairement frappe nos sens et la raison.

Depuis près de quatre ans, il existe à Naples, dans un séminaire de Lazaristes quatre jeunes Chinois, qui viennent également de Makao ; tous les quatre ont été envoyés de cette dernière ville, par le directeur des Lazaristes qui y réside et qui appartient à la congrégation de ces religieux, qui

Joseph Ly.

Agé de 26 ans, de la Province de Hon-Kaung.

sont à Naples. A leur arrivée en Italie, ces jeunes Chinois excitèrent partout l'étonnement et la curiosité ; ils furent visités par les savants ; ils répondirent à toutes les questions qui leur furent adressées avec toute la satisfaction que l'on pouvait désirer, et il n'y eut pas un Napolitain qui doutât un instant de l'origine de ces quatre jeunes gens, qui doivent encore rester dans leur séminaire deux ou trois ans, avant d'être renvoyés dans leur patrie, pour y répandre et y propager les doctrines de l'Évangile.

Sur les quatre chinois qui sont actuellement à Paris, voici, individuellement, les notions les plus exactes.

### Joseph LY.

Joseph Ly, est âgé de 26 ans, taille de cinq pieds un pouce, né dans la province de Hou-Kaung, d'une famille d'agriculteurs ; il est le quatrième de huit enfants vivants. Son père existe encore, mais sa mère est morte, il y a quatre ans. La tendresse filiale paraît être portée chez lui à un très haut degré ; car lorsqu'on lui parla de sa mère, en répondant, il baissa les yeux, et quelques larmes

s'échappèrent ; et pour les dérober à la connaissance des spectateurs , aussitôt il porta la main sur
ses yeux ; et en paraissant un peu ému , il ré-
pondit ensuite à d'autres questions. C'est de tous
les quatre, celui qui parle le mieux le latin et qui
paraît avoir le plus de facultés intellectuelles. Sa
physionomie n'est pas si ouverte que celle des
autres ; il parle souvent les yeux baissés , cependant il parle toujours ainsi que les autres , avec le
sourire sur les lèvres; il parle la langue latine
avec beaucoup de facilité et même quelquefois
avec élégance. Il est le seul des quatre Chinois,
qui ne paraît jamais embarrassé à répondre aux
questions qui lui sont faites , ainsi qu'à les écrire
en latin et en caractères chinois. Il satisfait à tout
ce que l'on peut exiger avec autant d'aisance, qu'il
a de la facilité à prononcer et à parler latin.

Il y a sept ou huit ans que Joseph Ly voyageait
dans la province de Ho-Nan , voisine de celle de
Hou-Kaung. Le hasard le fit entrer dans une église
où préchait un prêtre Chinois sur le catholicisme; il
fut frappé d'entendre un langage dogmatique qui
lui était inconnu et des vérités qui lui paraissaient
incontestables. Il demande à rester auprès de ce

prêtre, nommé Paul Song, qui le reçoit avec cette hospitalité et cette bienveillance que l'on rencontre partout dans ces vastes provinces, auprès des prêtres chinois. Celui-ci lui enseigne la langue latine, mais en secret; car les ordonnances de Kien-Long, défendent de connaître et d'enseigner d'autre dialecte que la langue chinoise. Au bout de quelques années de séjour dans la province de Ho-Nan, auprès du prêtre Paul Song, il apprit la mort de sa mère; qu'il chérissait, alors, sans en instruire sa famille, il partit pour Makao, et il entra au séminaire des Lazaristes, où il fut reçu avec un accueil particulier du Père Lamyot, supérieur de cet établissement français. Etant dans ce séminaire, il a eu l'occasion d'y voir plusieurs fois avant leur départ pour Naples, les quatre jeunes Chinois qui partaient pour l'Europe; ils n'étaient point dans le même séminaire, mais ils venaient souvent visiter celui dirigé par le Père Lamyot et converser avec les jeunes néophytes. Ce sont ces jeunes gens qui ont donné à Joseph Ly, la première idée de voyager en Europe. Il a resté quatre ans à Makao, auprès du Père Lamyot, auparavant de venir

à Paris. Ce jeune homme, est très versé dans l'é-
tude de la géographie, des mathématiques et de
l'astronomie, et il est d'une modestie extraordinaire, ce qui est toujours le caractère de celui qui
possède de profondes connaissances.

### Mathieu LU.

Est âgé de vingt-six ans. Mathieu Lu est né en
la province de Kian-Sy, d'une famille d'agriculteurs; son père et sa mère vivent encore; il est le
deuxième de quatre enfants vivants. Sa taille est de
quatre pieds dix pouces, d'une physionomie tout-
à-fait chinoise, c'est-à-dire le nez épaté et la bouche et les lèvres extrêmement saillantes. Des
yeux très vifs et l'ensemble de la figure désagréable au premier abord. Cependant aussitôt qu'il
parle, il est comme ses compatriotes, fort intéres-
sant et tout inspire en sa faveur. C'est celui de
tous qui avait les plus beaux cheveux ; en mar-
chant à reculons, il pouvait marcher sur la tresse
de ses cheveux. Il ne parle point latin encore; mais
il a eu la curiosité d'apprendre quelques mots
français qu'il prononce parfaitement bien. Il a cet

Lith. de Engelmann

Matthieu Lu.

Agé de 26 ans de la Province de Kiang Sy.

avantage sur ses compagnons de voyage, qui n'en ont pas encore appris un seul mot. Mathieu Lu paraît avoir beaucoup de goût pour la peinture; pendant qu'on dessinait et coloriait son portrait, il a demandé un pinceau, et sur le champ, il s'est mis à enluminer dans un livre d'église, une estampe représentant la sainte Vierge, avec l'enfant Jésus sur ses genoux; le portrait terminé, il avait aussi fini son travail, qui était fait avec tant de délicatesse, que l'artiste n'a pu s'empêcher de l'admirer.

Pour colorier, peindre, ou tracer des caractères, les Chinois n'ont besoin d'aucun point d'appui : de la main gauche ils tiennent leur papier, et de la main droite en l'air, ils décrivent des lignes ou appliquent les couleurs avec une légèreté et une netteté incroyables.

Les Pères Lazaristes de la rue de Sèvres s'accordent à dire que Mathieu Lu est celui des quatre Chinois qui a le moins d'aptitude à acquérir des connaissances variées. Tous quatre ont beaucoup d'intelligence, mais le jeune Lu n'est pas à beaucoup près d'une capacité aussi remarquable que les trois autres : du reste il est fort avide du savoir théologique, et nul doute qu'il ne devienne un jour un illustre apôtre de la foi.

### François **KIOU**·

François Kiou est âgé de vingt ans ; sa taille est de cinq pieds deux pouces ; il est né dans la province de Kang-Ton ; ses père et mère sont morts il y a quelques années, et il est le dernier de six enfants tous vivants et agriculteurs ; sous le prétexte de voir Kang-Ton, il quitta ses frères et sœurs pour se rendre dans cette capitale, où il est resté quelque temps, Il s'y trouvait lors du terrible incendie qui a consumé en quelques jours plus de la moitié de cette ville considérable. Les journaux français ont rendu compte de ce désastre, d'après les nouvelles arrivées de l'Inde. François Kiou raconte que les pertes en marchandises, en édifices et en argent sont incalculables, et que jamais on n'aura une parfaite connaissance du nombre de personnes qui ont péri. Après avoir quitté la ville de Kang-Ton, il est venu à Makao auprès du père Lamyot pour entrer au séminaire ; il n'y a que trois ans qu'il a fait cette démarche et déjà il parle fort bien latin. Joseph Ly

François Kiou.

Agé de 20 ans, de la Province de Kang tong.

et lui sont les seuls qui s'expriment dans cette langue.

François Kiou est assez bien fait et sa physionomie est fort agréable ; l'habitude qu'il a contractée de sourire à chaque mot qu'il prononce lui a fait relever la lèvre supérieure et la maintient presque toujours en cet état ; ce qui fait découvrir au reste de fort belles dents. Sa manière honnête de s'exprimer, soit en parlant, soit par gestes, le ferait plutôt prendre pour un Européen que pour un Asiatique. Tout annonce chez ce jeune homme les plus heureuses dispositions pour acquérir des connaissances, des manières aimables et un tact délicat des convenances.

## Jean-Baptiste TCHENG.

Jean-Baptiste Tcheng, né comme le précédent dans la province de Kang-Ton n'a que dix-neuf ans, il n'est pas plus grand que François Kiou. Son père est aujourd'hui économe d'un couvent de religieuses à Makao ; Jean-Baptiste est l'aîné de deux sœurs et d'un jeune frère qui sont encore auprès de leurs parents.

Le jeune Tcheng est doué d'un extérieur assez

agréable ; et si ce n'était la couleur cuivrée de sa peau , on le prendrait pour un Européen. Il a une physionomie charmante, une taille élancée et des yeux très expressifs : il ressemble dit-il beaucoup à sa mère. Il a été élevé par son père, qui lui a appris quelque peu de latin ; plus tard il est entré au séminaire, sous la direction du père Lamyot, où il est resté trois ans. Par son caractère et ses manières aimables, Tcheng se rapproche de François Kiou, il y a même dans leurs figures quelques points de ressemblance ; mais il est beaucoup mieux. Doué d'une étonnante aptitude à s'instruire , ainsi que ses compatriotes , il ne tardera pas à pouvoir s'exprimer soit en latin, soit en français ; alors ils seront à même d'acquérir les connaissances de l'Europe qu'ils doivent plus tard reporter dans leur pays.

Ces quatre Asiatiques ont quitté leurs parents sans les prévenir de leur dessein ; et c'est à leur insu qu'ils sont entrés au séminaire. Le père de Tcheng savait seul que son fils aîné était auprès du père Lamyot; mais encore aujourd'hui, il ignore qu'il est passé en Europe. Tous quatre sont sortis secrètement de l'empire, dans la crainte que les mandarins ou gouverneurs des provinces ne fussent instruits de leur absence, ce qui aurait exposé leurs familles à être inquiétées.

Le père Lamyot réside à Makao depuis trente-six ans et il y en a plus de vingt-cinq qu'il est supérieur du séminaire. Il est né à Calais : le curé actuel de cette ville est son parent et son ami de collége. Les quatre jeunes séminaristes lui ayant témoigné le désir de venir en Europe, il les a fait embarquer sur un bâtiment anglais et sans autre passeport qu'une lettre de lui pour le curé son vieil ami. Ils se sont déterminés à entreprendre le voyage. Ils ont quitté Makao le 26 novembre 1828, à six heures du soir, et ont fait voile directement vers l'Angleterre. Le navire qui les portait ne s'est arrêté que pour faire des vivres au Cap de Bonne-Espérance où ils sont restés huit jours. Après une heureuse traversée, ils sont arrivés à Londres le 12 avril dernier; et ce n'est que dans les premiers jours de mai qu'ils ont touché le rivage français.

Le curé de Calais, où ils sont débarqués, avait annoncé leur arrivée à M. Bailly, supérieur du séminaire des Lazaristes d'Amiens, qui s'est hâté d'aller au devant d'eux aussitôt que la nouvelle lui en est parvenue. M. Bailly les a rencontrés en route, et les a ramenés à Amiens. Ils étaient depuis deux jours dans cette ville, lorsque le père Etienne, sous-directeur des Lazaristes de Paris, est allé les chercher et les a conduits au séminaire de la rue de Sèvres, où ils doivent rester jusqu'à la fin de leurs études, ce qui ne peut pas être avant six ou sept ans. A cette époque, c'est-à-dire après leur admission dans les ordres, ils se proposent de rentrer dans leur patrie.

A leur départ de Makao, il y avait dans le séminaire du père Lamyot, onze jeunes Chinois qui commençaient à apprendre le latin, et se destinaient à la prêtrise; il serait possible qu'à la première occasion, ce supérieur en envoyât encore quelques-uns en France. Ceci est d'autant plus probable, que plusieurs jeunes néophytes ne devaient pas tarder à grossir le nombre de ses élèves.

Avant de quitter leur costume national, cos-

tume que les Chinois portent depuis plus de quarante siècles sans que la mode lui ait fait subir la
moindre altération, les quatre séminaristes ont
été présentés au roi, aux princes et princesses
de la famille royale, ainsi qu'aux ministres ; ensuite ils ont visité divers établissements publics où
l'on a pu les voir et converser avec eux.

Joseph Ly a satisfait à toutes les questions qui
lui ont été adressées, soit en latin, soit dans sa
langue maternelle, et chacun a pu se convaincre qu'il y aurait de la mauvaise foi à douter de
leur origine ! ils ont montré beaucoup de can-
deur, et surtout de véracité dans toutes leurs
réponses.

Plusieurs personnes les ont entretenus dans
leur dialecte national ; mais ils n'en ont trouvé
qu'une seule qui comprît bien la langue chinoise ;
suivant eux, cette personne la parlait bien, mais
elle prononçait mal ; c'est à l'imprimerie royale
qu'il l'ont rencontrée ; ils l'ont vue de nouveau à
la bibliothèque du Roi, et chaque fois que la con-
versation s'est engagée, elle a été longue et inté-
ressante pour eux. Nous regrettons de ne pouvoir
nommer ce savant orientaliste, mais il est cer-

tain que depuis le départ de ces jeunes gens de Makao, il est le seul qui leur ait fait naître des souvenirs bien chers, sur une patrie qu'ils reverront avec un plaisir indicible.

Pendant le peu de temps qu'ils ont conservé leur costume, le public a été admis à les voir : chaque jour plus de six cents personnes, attirées par la curiosité, ont été reçues dans le couvent des Lazaristes de la rue de Sèvres. Tout le monde a été admis avec la même affabilité par les supérieurs de cet établissement.

Dans les questions qui ont été faites aux Chinois, celle-ci leur a été adressée : Regrettez-vous votre pays ? vous plaisez-vous en France ? Aussitôt Joseph Ly a répondu en latin. On lui a demandé s'il ne pourrait pas tracer sa réponse en caractères chinois. Je vais le faire de suite, a-t-il dit, mais il faut que j'aille chercher mon pinceau, que je n'ai pas avec moi. Aussitôt il court à sa cellule, et revient avec une pierre noire, sur laquelle était de l'encre de la Chine, qu'il délaie avec de l'eau. Il se fait répéter la question, et après avoir réfléchi un instant, sans appuyer la main il trace les caractères qui sont ceux du *fac simile*, en tenant verticalement passé entre les quatre doigts de la main droite, son pinceau, qu'il fait mouvoir au moyen de la seconde phalange du pouce, allant ainsi du haut au bas de la page, à commencer par la droite. On l'a prié de transcrire sa réponse latine ; il a pris sa plume ; et en présence de nombreux assistants, il a écrit ce qui fait encore l'objet du *fac simile* que nous traduisons de la manière suivante :

« Quoiqu'un grand nombre de citoyens ai-
» mables se réunissent comme une seule famille
» pour nous visiter, nous éprouvons cepen-
» dant le vif regret d'être absents d'une patrie qui
» nous est chère. C'est avec plaisir que nous nous
» trouvons à Paris ; nous sommes surtout bien
» étonnés de la facilité avec laquelle nous avons
» *pu voir face à face*, un roi plein de bonté, et
» tous les princes de l'état. Nous ne sommes pas
» moins émerveillés de l'accueil affectueux qu'ils
» nous ont fait. Et lorsque après avoir terminé nos
» études, notre supérieur nous ordonnera de re-
» tourner dans notre patrie, ce sera avec dou-

» leur que nous nous éloignerons de la France
» et de ses aimables habitants. »

Sans doute, il y a peu d'élégance dans l'expression, *facie ad faciem*; mais que l'on se pénètre bien qu'en Chine l'on ne voit jamais l'empereur ni les princes de sa famille, et que ce n'est qu'avec une grande difficulté, que l'on parvient seulemement à voir de loin, les gouverneurs des provinces et les grands de l'état.

Après avoir rendu dans leur costume national, un dernier devoir à madame la duchesse de Berri et aux enfants de France, ils sont rentrés dans leur séminaire. Alors on leur a coupé la longue tresse de cheveux qu'ils avaient, et ils ont pris l'habit de séminariste, qu'ils ne doivent quitter que quand ils retourneront à Makao. Maintenant, ils sont confondus parmi les autres élèves, dont on ne les distinguerait pas sans la couleur cuivrée de leurs figures.

On leur a demandé s'ils regrettaient leur costume, et surtout leur chevelure. Ils ont répondu qu'ils étaient d'autant plus satisfaits d'avoir la même mise que leurs condisciples, que désormais, au moyen de ce changement, ils pourront, sans exciter la curiosité publique , se promener dans Paris, lorsque leurs supérieurs le leur permettront.

Chez le peuple chinois, les habitudes, les mœurs, les lois, la politique, tout est extraordinaire, parce que tout est immuable; la justice y est la religion de l'état, et l'état y doit être une source intarissable de bonheur pour les gouvernés ; quiconque est appelé à administrer, quel que soit son rang, ne conserve l'autorité qu'autant qu'il sait la faire bénir ; non-seulement il faut qu'il se maintienne exempt de reproche, mais encore qu'il ne s'expose jamais à déplaire, soit à ses supérieurs, soit à ses inférieurs. Avoir déplu, est aux yeux de l'empereur un tort irrémissible; car il a pour principe d'écouter la voix qui accuse. C'est à ce système que l'on peut attribuer l'horrible persécution qui, en 1785, fut dirigée par Kien-Long contre nos missionnaires : on prétendit qu'ils aspiraient à s'immiscer aux affaires de son gouvernement, et comme là le gouvernement est l'arche sainte, il les punit d'une témérité qui n'était pas prouvée, mais qui était possible. Ce ne fut point contre les idées religieuses qu'éclata son courroux, car entre toutes les croyances il veut être neutre ; mais il pensa frapper de mort le génie des innovations et des réformes ; les prédicateurs de l'Évangile furent impitoyablement massacrés, non parce qu'ils apportaient la parole du divin maître, mais parce qu'ils étaient originaires de contrées où l'espoir du mieux fait naître le changement. En Chine, il est convenu que depuis quatre mille ans, tout est bien ; le culte du *statu quo* y est irrévocablement établi ; ce qui est est la perfection, et le perfectionnement devient l'ennemi de ce qui est : c'est d'après cette conviction, que l'empereur a décrété à perpétuité l'exclusion de tous les étrangers. Quand il fit égorger les prêtres catholiques, la même sentence n'atteignit pas le catholicisme : ceux d'entre les Chinois qui avaient reçu le baptême, ceux qui avaient été admis dans les ordres sacrés, non-seulement restèrent libres de se livrer aux pratiques de la véritable piété, mais encore de catéchiser et de prêcher. On pleura sur la cendre des martyrs, mais la palme qu'ils avaient conquise au prix de tout leur sang, fleurit et porta les fruits de la conversion. La lumière du christianisme pénétra de proche en proche jusque dans les provinces les plus reculées, et aujourd'hui, une moitié peut-être de cette innombrable population s'agenouille comme nous devant le dieu de vérité.

Il n'y a pas plus de trente ans, qu'un jeune Parisien nommé Dunant entreprit le voyage des Grandes-Indes; arrivé à Batavia, il se munit de lettres de recommandation pour plusieurs riches négociants de Makao et de Kang-Ton. Son intention était de pénétrer dans l'intérieur de la Chine, afin d'étudier les ressources de ce pays que les relations des missionnaires lui avaient inspiré le désir de connaître. M. Dunant avait emporté avec lui une quarantaine de mille francs; cette somme qu'il annonçait vouloir employer dans le pays, à des spéculations commerciales, lui valut un favorable accueil. L'un des négociants à qui il était adressé, consentit à lui servir de guide, mais sous la condition expresse qu'il revêtirait le costume chinois et se condamnerait à jouer le rôle de sourd-muet, aussi longtemps qu'il serait sur le territoire de l'empire; cette clause du marché paraîtra singulière, mais M. Dunant ne savait pas un mot de chinois et il n'aurait pu ouvrir la bouche sans se signaler

aussitôt comme étranger, ce qui aurait exposé
son introducteur et lui à une mort certaine : il
se soumit donc à la nécessité, et après avoir
promis de se conformer à tout ce qui lui serait
prescrit pour qu'on ne s'aperçût pas qu'il avait
enfreint les défenses, il s'embarqua sur un canal
qui traversait plusieurs vastes provinces, il des-
cendit ensuite à terre, et visita à pied quelques-
unes des principales villes de l'empire. M. Dunant
employa plus d'une année à cette curieuse péré-
grination; toutefois il ne fut pas un an sans parler,
et lorsqu'il était seul avec son guide, il s'affran-
chissait par moment de la loi du silence qui lui
était imposé; partout où il est allé, le jeune
Français a trouvé des Chrétiens, et nulle part il
n'a su que les desservants du culte de Foé, se
fussent opposés à l'établissement de notre religion. Des observations de ce genre n'entraient pas
précisément dans le but du voyage de M. Dunant;
mais il les a faites, et pour la jubilation des fidè-
les, nous aimons à les répéter d'après lui. Parvenu
aux dernières limites de l'empire, M. Dunant
revint sur ses pas et rentra à Kang-Ton où il
reprit ses habits européens; il visita encore di-

verses contrées de l'Inde, et reprit la route de sa patrie. M. Dunant, réside aujourd'hui à Paris où il est employé dans une administration.

Le Chinois n'est point superstitieux, mais la disposition dominante de son naturel est la bienveillance ; une religion qui commande à tous les hommes de s'aimer comme des frères, doit nécessairement lui convenir; une religion qui, après les monotonies de la vie terrestre, promet des béatitudes que l'imagination ne saurait concevoir ne peut que lui rendre plus supportable le poids d'une existence dans laquelle il est trop à l'étroit, et comme anéanti ; il cherche une issue à ce monde qui est si lourd pour lui. L'étoile qui illumina les Mages, brille à ses yeux ; comme ces rois de l'Orient, il s'avance vers le berceau de la rédemption, et il a rencontré la voie du salut.

FIN.